Les jeux de Rose Felicity

Amuse-toi avec les fées...

Fais un vœu

Rose Felicity et ses amies sont inséparables.

Elles ont chacune une spécialité en magie.

Elles s'entraînent à lancer des vœux,

mais sauras-tu retrouver qui est qui ?

Lis la description et relie-la à la bonne fée.

Violette est une fée des Fleurs,
elle aime faire pousser les plantes.
Et toi,
quelle fée voudrais-tu
être ? Ferme les yeux
et penses-y très fort.
Ton vœu se réalisera...
Caroline est la fée de l'Hiver,
elle amène avec elle le printemps.
Réfléchis bien...

Les bêtises de Rose

Rose Felicity s'envole vers la maison de son amie Julie avec un sac rempli de délicieuses pâtisseries qu'elle sème en route ! Ramasse-les et rejoins-la chez Julie !

À chacune son vœu

Rose adore faire des vœux pour toutes ses amies fées mais elle ne sait jamais lequel choisir. Remets dans l'ordre les lettres ci-dessous pour découvrir ce qu'elle a imaginé.

Les récompenses des fées

Aujourd'hui, à l'École des Neuf Vœux, c'est le jour des récompenses et les fées sont très excitées !

Essaie de retrouver dans la grande image les détails entourés en bas. Lesquels en font partie ?

Des fées gourmandes

Le magasin de bonbons de Ville-Fleurie est l'un des endroits préférés de Rose car il est rempli de délicieuses confiseries. Peux-tu l'aider à retrouver ses bonbons préférés (ils sont aux couleurs de sa robe) ?

Un hiver scintillant

Rose sème un peu de magie sur la campagne,
les villes et les montagnes pour hâter la venue du printemps.
À toi de compléter le puzzle avec les bonnes pièces.

Joyeux anniversaire !

Rose prépare une fête surprise pour l'anniversaire de Pauline mais elle doit se dépêcher ! Arrivera-t-elle à finir à temps ?

Il faut un jeton et un dé pour chaque joueur.

DÉPART

1

2 Rose poste les invitations pour la fête. Elle se rend sur la case 7.

3

4 Elle a oublié de faire cuire le gâteau. Elle passe un tour.

5

6 Le cadeau l'attend chez Miss Fée. Elle s'envole jusqu'à la case 10.

7

8 Son sac de courses vient de craquer. Il faut tout ramasser ! Elle recule de 5 cases.

9

13

Rose croise Pauline. Elle doit se promener avec elle. Elle recule de 4 cases.

14

15

La fée décore la pièce avec des ballons. Il en manque encore, elle rejoue.

12

La fée imagine des jeux pour la fête. Elle se rend sur la case 19.

16

ARRIVÉE

Rose a écrit la carte d'anniversaire de Pauline. Elle vole jusqu'à la case 15.

11

17

10

Rose s'arrête chez le coiffeur des fées. Elle passe un tour.

18

21

19

Hourra !
Rose a réussi à tout préparer.
Ses amies sont ravies.
La fête peut commencer !

Rose n'arrive pas à mettre la main sur sa robe de fête. Elle passe un tour.

20

Rose en promenade

Rose Felicity a rendez-vous avec ses amies. Elle survole Ville-Fleurie pour se rendre au café Le Scintillant. Trouve quelles sont les deux images identiques.

Pique-nique de fées

Rose et ses amies pique-niquent près de la rivière. Rejoins-les et trouve dans l'image toutes les délicieuses choses qu'elles vont manger.

Le laboratoire des fées

Pauvre Rose ! Elle n'est pas très douée en chimie. Elle rate toutes ses expériences !

Trouve les six différences entre ces deux images.

Tenues de soirées
Rose et ses amies fées
se sont faites belles pour aller
danser au bal des Fées.
Associe chacune d'elles
à son ombre.
1
A
3
B
2
D
4
C

Jolie Rose
8 COULEUR DE TON CHOIX
Quelles sont les couleurs préférées de Rose ?
Amuse-toi à colorier en suivant les indications données par les chiffres.

Mystérieuses disparitions

Rose Felicity ne parvient pas à retrouver son magazine *Fées Mag*.

Violette a perdu son panier de jardinage.

Pauline a égaré son porte-monnaie.

Julie cherche sa couronne partout.

Et Caroline n'arrive pas à mettre la main sur sa baguette.

Peux-tu aider les fées à retrouver ce qu'elles ont perdu ?

Fées M

Crois en ta bonne étoile, fais un vœu pour retrouver ce que tu cherches.

Un vœu pour chacune

Rose a fait un vœu particulier pour chacune de ses amies fées.

En suivant les chemins, trouve le vœu destiné à chacune.

Rose mène l'enquête

Que cherche Rose au-dessus de Ville-Fleurie ?

Pour le savoir suis les instructions :

pars de la case 1, avance de 5 cases, descends de 8 cases, déplace-toi vers la gauche de 4 cases, puis en diagonale de 4 cases, compte ensuite 3 cases vers la droite, descends de 1 case, la solution se trouve 2 cases plus loin à gauche. Tu as trouvé ?

1

Connais-tu Rose ?

Rose Felicity est la fée préférée de tous. Connais-tu la réponse aux questions suivantes ?

1

Quel est le nom de famille de Rose ?

2 Rose habite à Champ de Fleurs. Vrai ou faux ?

CHAMP DE FLEURS

3

Peux-tu nommer trois des meilleures amies de Rose ?

4

Quelle est la couleur préférée de Rose ?

5

Rose veut être une Fée des Fleurs. Vrai ou faux ?

6 Rose est une bonne cuisinière.
Vrai ou faux ?

7 De quelle couleur est l'oiseau de Rose ?

8 Rose porte-t-elle des collants à carreaux ou à rayures ?

9 Comment s'appelle l'école de Rose ?

10 Rose a les cheveux blonds.
Vrai ou faux ?

Si tu as huit bonnes réponses, tu fais partie des vraies amies de Rose Felicity !

RÉPONSES

Rose et ses amies :
Julie, très coquette,
a des roses sur sa couronne,
Rose est accompagnée de son oiseau Bleu,
Caroline porte une écharpe, Violette est assise dans l'herbe.
À chacune son vœu : anniversaire, bonheur, joie, amitié, amour.
Les récompenses des fées : 1, 3, 5, 6, 7, 9, 10.
Des fées gourmandes : fraise, framboise, cassis et citron.
Un hiver scintillant : F et A. • **Rose en promenade :** 3 et 5.
Le laboratoire des fées : bulles, cuillère, règle, ciseaux, tasse, stylo.
Tenues de soirées : A4, B1, C3, D2.
Un vœu pour chacune : Julie-A, Pauline-C, Violette-B.
Rose mène l'enquête : Rose cherche sa couronne.
Connais-tu Rose ? : 1. Felicity – 2. Faux – 3. Julie, Pauline
et Violette – 4. Rose. – 5. Faux – 6. Faux – 7. Bleu –
8. À rayures – 9. École des Neuf Vœux – 10. Vrai.